Conception et direction éditoriale : Alain Serres
Maquette : BHT + K.O.

ISBN : 978-2-912084-73-6

Poèmes réunis par
Jean-Marie Henry
Images de Zaü

IL PLEUT DES POÈMES

Anthologie de poèmes minuscules

RUE DU MONDE
La Poésie

Le poème est une goutte d’eau,
il donne au désert l’idée de la fleur.

Jean-Pierre Siméon

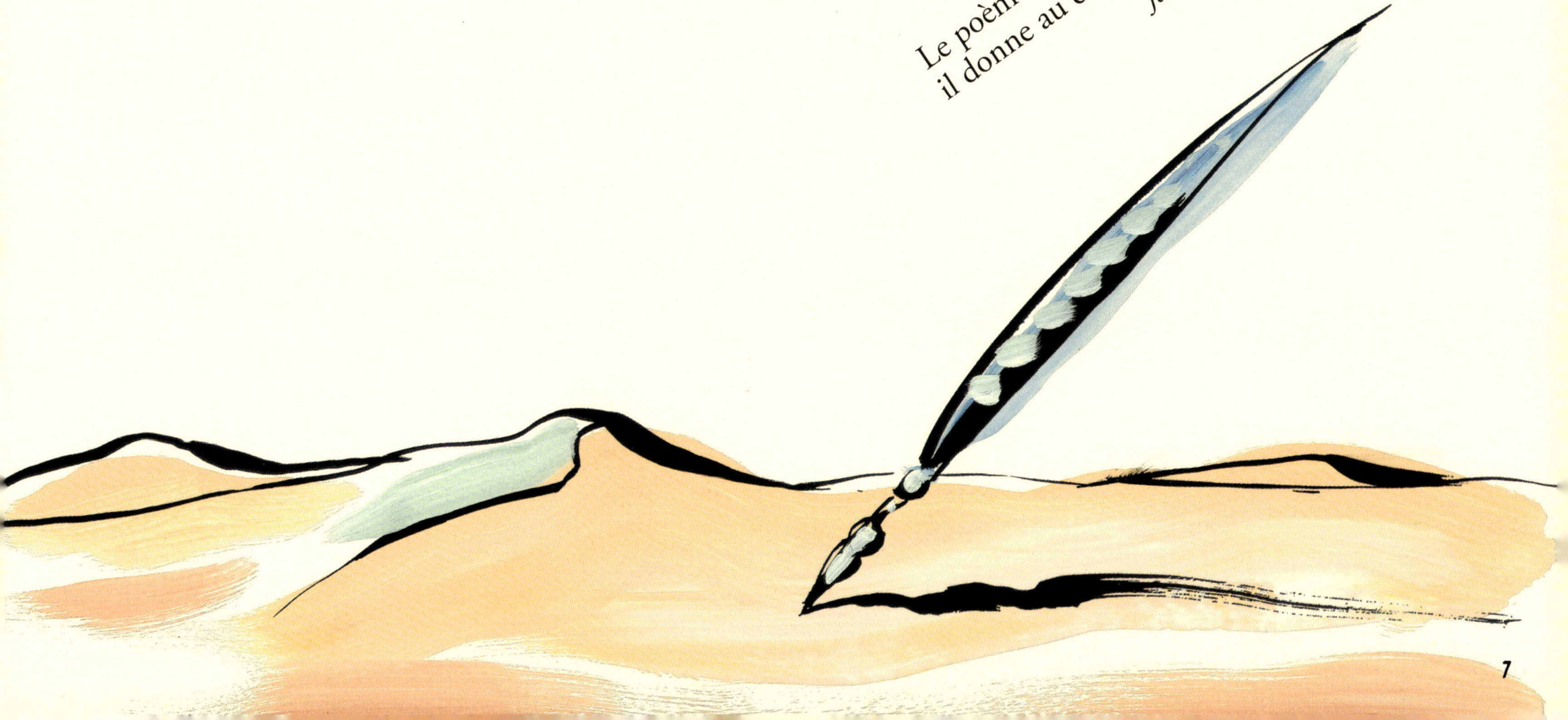

Aujourd'hui, j'ai permis au soleil
de se lever plus tôt que moi.

G-C Lichtenberg

Mettre un peu le cheval
dans le ciel
et l'oiseau au boulot.

Paul Vincensini

La pluie écrit comme un enfant
couché sur sa page, en lignes obliques et lentes, appliquées.

Christian Bobin

Ce sont les pommiers
Qui ourlent les prairies
D'un regard,
D'une couture de tendresse.

Gérard Le Gouic

La pluie est triste parce qu'elle nous rappelle
le temps où nous étions poissons.

Ramon Gomez de la Serna

La pierre
N'entend
Son cœur battre
Que dans la pluie.

Malcom de Chazal

Quand je serai mort
sois la gardienne de mon tombeau
sauterelle

Issa

À moitié petite,
La petite
Montée sur un banc.

Paul Eluard

Une pomme rouge
tourne mille fois
dans l'air
et tombe
dans la main d'un enfant espiègle

Abbas Kiarostami

C'est dans le bois de noisetiers
que la pluie
chante le mieux.

Jean-Hugues Malineau

T' es fou, tire pas
C'est pas des corbeaux
C'est mes souliers
je dors parfois dans les arbres.

Paul Vincensini

Livre, porte ouverte, ouvre des portes en moi.

Robert Sabatier

Étincelle, grand cerisier

Christian Viguié

P !uie P !uie P !uie P !uie
P !uie P !uie P !uie P !uie
P !uie P !uie P !uie P !uie
P !uie P !uie P !uie P !uie

Pierre Garnier

C'était un arbre-champagne
Qui pétillait de toutes ses fleurs
Au printemps on le buvait des yeux

Joël Sadeler

Quand rien
Ne chante pour toi,
Chante-toi
Toi-même.

Guillevic

Faible têtard
sens-tu
l'évasion
pousser en toi ?

Alain Serres

Répondre, il n'en est pas question.

Robert Sabatier

Fugue en pluie majeure

Le parapluie
ouvre ses ailes
sous l'averse
et s'enfuit
au bras d'un coup de vent.

Michel Monnereau

À ciel pluvieux, cœur plus vieux.

Gilbert Cesbron

escargot mon ami
si je t'appelle
m'entends-tu ?

Jean-Claude César

La suite dans les idées

Il suivait son idée, c'était une idée fixe
et il s'étonnait de ne pas avancer.

Jacques Prévert

Chut ! si nous
faisons du bruit
le temps
va recommencer.

Paul Claudel

Le perroquet ne parlait plus
que sa langue maternelle.

G-C Lichtenberg

Même plié dans l'armoire
le ciel sent bon

Yvon Le Men

Un homme attendrit le désert
Deux l'inquiètent
Trois l'effacent

Jean-Vincent Verdonnet

Si tu aimes l'étranger
tu t'aimeras demain.

Jean-Pierre Siméon

Toute la journée
j'ai porté un chapeau
Qui n'était pas sur ma tête

Jack Kerouac

Qui vole un œuf n'a pas très faim

François Caradec

Le coq
Finit
Par croire
Que
C'est lui
Qui fait
Monter
Le soleil

Malcom de Chazal

Sur le mur de pierres sèches
l'averse réveille
un velours de mousse.

Alain Boudet

Je me souviens : dans mon enfance
notre village était couleur de lune.
Quand il se réveillait il mettait une chaise
sur ses épaules pour que le soleil
puisse s'asseoir.

Adonis

Quatre pattes sur quatre pattes.
Quatre pattes s'en vont, quatre pattes restent ?
– Un chien sur une chaise

J.M.G. Le Clézio

Le soleil est nouveau chaque jour.

Héraclite d'Ephèse

Midi
Mit
L'ombre
Au lit.
Malcom de Chazal

Le chant du coq agrandit les jardins.
Frédéric-Jacques Temple

Matin
Je m'éblouis
d'infini
Giuseppe Ungaretti

Louis XIV fuyait les miroirs,
tant il craignait l'insolation.
Jacques Prévert

Midi surchauffé
Sous le ventre d'un bateau
L'ombre a jeté l'ancre
Alain Boudet

Sur la girouette, le vent monte à bicyclette.

Ramon Gomez de la Serna

Les tziganes se laissent mourir
le jour où le vent n'a plus rien
à leur dire.

Shlomo Reich

Quelqu'un écoute
D'une oreille si attentive
Qu'on l'entend écouter.

Robert Pinget

En construisant les murs,
on détruit le vent.

Jean-Marie Kerwich

L'instrument dont joue
le musicien nommé vent
est ma propre face

Daniel Richard

Le vent
Hésitant
Roule une cigarette d'air
Paul Eluard

L'archet du violon est une aiguille qui coud
les notes et les âmes, les âmes et les notes.
Ramon Gomez de la Serna

Le vent appelle l'Arbre, et l'arbre lui répond.
Xavier Forneret

Quel plaisir ! dormir
sur les rives du Suma
les vagues comme oreiller !
Ryokan

l'hirondelle
glisse
le long de ce filet d'air
qui glisse de son bec
Pierre Garnier

La feuille sent-elle
Ce qu'elle doit à l'arbre ?

L'arbre à la terre ?
La terre à la gravitation ?

Guillevic

Quand il tombe l'arbre fait deux trous.
Celui dans le ciel est le plus grand.

Félix Leclerc

Le goût des mûres dans la bouche,
nous ne souhaitions pas un autre automne,
une autre terre.

Pierre Dhainaut

Seulement à mon petit frère
je dis où sont les champignons
il ne se souvient jamais.

Jean-Hugues Malineau

Le soir n'a plus la clé des granges
Il dort au revers du fossé
Un vers luisant est sa veilleuse

Jean-Vincent Verdonnet

il y avait de l'eau limpide
une longue promenade en transparence
j'ai bu la promenade à lentes gorgées
maintenant je pisse des sentiers

Jean-Michel Robert

L'automne raconte à la terre les feuilles
qu'elle a prêtées à l'été.

G.C. Lichtenberg

Quand les corbeaux croassent,
les beaux jours diminuent.

Jean L'Anselme

Derrière la brume
la forêt rouge
comme un rêve d'ogre.

Jean-Hugues Malineau

Ils gauleront les noix
puis ce sera au soleil
de tomber
des arbres

Valérie Rouzeau

Sur la rivière entre les arbres
S'en vont le jour et les écailles
De sa pêche miraculeuse.

Jean-Vincent Verdonnet

Chaque pomme est une fleur
qui a connu l'amour.

Félix Leclerc

À midi, dans l'eau
la loutre luit au soleil
en ouvrant une huître.

Jean-Claude Renard

Les fourmis
Chacune d'elles ressemble au chiffre 3.
Et il y en a ! Il y en a !
Il y en a 3 3 3 3 3 3 3 3 3 3 3 3 3... jusqu'à l'infini.

Jules Renard

La lumière glisse
son bulletin
dans l'urne de l'étang.

Patrice de La Tour du Pin

Fourmis. Sable noir d'un sablier horizontal.

André Hardellet

La coccinelle posée sur ma main posée sur ma main posée sur ma main
Écoutait avec moi
Le silence des planètes.

Guillevic

Je voudrais être... voyons, par exemple :
l'ambassadeur du mille-pattes auprès du tournesol.

Alain Bosquet

Devenir chat cerise ou merle
Dormir d'un œil faire noyau
Siffler

Jean Joubert

La mirabelle
Cessa de rire
Quand apparut la main.

Guillevic

L'insecte obscur répond
zut aux appels du large
et il est poli.

Paol Keineg

Grillon. Manœuvre inlassablement
sa petite poulie grinçante.

André Hardellet

Comme une chute de lumière le jour est planté
de miroirs où viennent boire les chevaux du ciel...

Tahar Ben Jelloun

C'était une araignée très snob,
qui n'exposait ses toiles que dans les grandes galeries.

Gilbert Cesbron

Planète qui tisse sa toile
et vit de captures
de météorites.

Charles Dobzynski

Est-ce que le chant
D'un oiseau
Aide un autre oiseau
À trouver son chant ?
Guillevic

Un nid pour l'oiseau ; une toile pour l'araignée.
Et pour l'homme, une amitié.
William Blake

Une conversation téléphonique coupée
C'est une hirondelle sur un fil
qui a refermé ses ciseaux
Pardonnez à l'hirondelle et rappelez
Michel Besnier

L'aube
le plus bel oiseau
vole autour de la terre.
Pierre Garnier

La taie d'oreiller
un tapis pour ta chevelure
transmettant les appels des plumes
qui changent le sol en nuage
pour les explorations nocturnes.
Michel Butor

Quand l'avion explosa
il y eu au moins un oiseau
pour croire à la fin du monde
Jean Orizet

La chauve-souris
– « Oh ! une chauve-souris !... »
Les souris se taisent.
Un ange passe.
Jean-Luc Moreau

Nos mois
seraient
moins gais
sans les
moineaux
Michel Besnier

Pour ne pas que l'air durcisse,
les oiseaux y font des trous,
comme dans la terre, les vers.
Félix Leclerc

Un pan de ciel bleu, un peu de fumée
comme un duvet de cygne : des anges en voyage.
Max Jacob

Volubile au fond des bois, le coucou ne cesse
de m'appeler par son nom : il est bien l'oiseau
le plus distrait, le plus brouillon qui soit.
Marcel Havrenne

Caille. Quel joli nom !
C'est comme une petite explosion,
un soupir qui monte des blés.
Jules Renard

Qui nourrit au ciel
le rêve des goélands ?
le pain des nuages.
Alain Boudet

Les mains les ailes :
même écriture
même vol.
Pierre Garnier

Après s'être étourdie d'étoiles
La rainette les restitue
Dans les perles d'eau de son chant

Jean-Vincent Verdonnet

Le silence de la nuit est déchiré par les chiens
Le silence de la nuit est recousu par les chats.

Paul Valet

Les étoiles me regardaient
Clignant de l'œil par à-coups
À la manière des chats.

Sandro Penna

Le soir les menhirs
Se racontent des histoires
À dormir debout

Jean-Claude Touzeil

La lenteur de la lune
Équilibre le monde

Guillevic

Le soir, quand j'ai terminé mon repas,
je sors de ma roulotte : dehors,
la nuit semble m'attendre comme une mère.

Jean-Marie Kerwich

Allongés sous le ciel
regarder les étoiles filantes
et les garder longtemps

François de Cornière

Le dernier loup
avait trouvé refuge
dans la dent creuse
de la mère-grand

Jean Féron

L'amour au fond des bois luit
comme une grande bougie

André Breton et Philippe Soupault

Lucarne. Par cette lucarne – la seule dans la ville –
on peut assister aux travaux secrets de la nuit.

André Hardellet

Lune un peu brouillée.
Le ciel a mal au cœur.

Claude Roy

La mer est un traité de paix
entre l'étoile et le poème.
Alain Bosquet

Les blés gonflent les champs
Gonflent les pains
Et crèvent les yeux blanchis à la nuit du boulanger
Yvon Le Men

Les nuits d'~~été~~ ferment si mal qu'il suffirait
que l'on se taise pour que nos mains soudain
se remplissent d'étoiles.
Tristan Cabral

Le ver luisant :
cette goutte de lune dans l'herbe.
Jules Renard

J'ai beau courir
comme un lapin
la lune me suit sans effort.
Jean-Hugues Malineau

À peine les cosmonautes eurent-ils repris leur vol
Que la vieille au fagot sortit de sa cachette
Et se remit à marcher sur la lune.
Jean Rousselot

La nuit est un navire
dont la lune est le hublot.
Ramon Gomez de la Serna

Dans
la
lune
morte
il y a
un lapin
vivant !
Paul Claudel

Brochet. Fragment de lune tombé
dans un étang. Pêcheur de silence.
André Hardellet

Les mains bleues de nids et de thym,
le soir a lâché ses colombes.
Maurice Carême

À l'entre chien et loup,
la relève des hirondelles par les pipistrelles.
Claude Roy

Faire les poches de la nuit avec l'art
du voleur qui ne touche à rien.
François de Cornière

L'ombre de l'éléphant et l'ombre
du coquelicot ont le même poids.

Jean-Pierre Siméon

Là-haut la balle a frappé l'oiseau
Et sa chaleur inscrit ici
Une pivoine sur l'hermine.

Alain Borne

À l'heure où l'ombre d'une feuille tombe
sur l'autre et que chaque arbre est vert et noir.

Paul Drouot

Pris
De
Colère
Le bleu
Devient
Gris
Bleu.

Malcom de Chazal

Bleus
La mer est comme un ciel bleu bleu
Par au-dessus le ciel est comme le lac Léman
Bleu-tendre

Blaise Cendrars

Couleur – Quand les couleurs
n'auront plus aucun éclat,
l'œil ira voir l'oreille.

André Breton

Bleu vert, le mot jaune parle-t-il
vraiment de la même chose ?

James Sacré

L'arc-en-ciel
ce jouet
que Dieu
oublie parfois
de ramasser
Shlomo Reich

La chair éclatante des fraises couchées,
toutes nues dans la rosée,
sur chaque feuille.
Pierre Reverdy

– Qu'est-ce que le violet ?
– C'est une mouche double.
André Breton et Alberto Giacometti

Il est des plantes qui seraient banales
et sans parfum si elles ne gardaient
le souvenir d'avoir vécu près d'une rose.
Robert Sabatier

Je tiens la mer comme un verre
De vin bleu entre les doigts
Maurice Carême

Colère, comme de la couleur criée.
James Sacré

Parmi les cerises que les femmes
ont cueillies brille un caillou blanc.
Jean-Claude Renard

J'avance dans l'hiver
à force de printemps.
Charles de Luynes

C'est aux pieds du maçon qu'on voit s'il est mûr.
Jean L'Anselme

Le sage a toujours sur nous, l'avance d'une lecture.
Edmond Jabès

J'ai tendu des cordes de clocher à clocher ;
des guirlandes de fenêtre à fenêtre ;
des chaînes d'or d'étoile à étoile, et je danse.
Arthur Rimbaud

Quand un troglodyte
est trop gros
vous le lui dites ?
Michel Besnier

La classe hantée
Les vacances sont finies : le spectre scolaire apparaît.
Jacques Prévert

Une élégante étincelle devint un jour l'amie d'un robuste baril
de poudre. Ils vécurent heureux longtemps mais fort dangereusement.
Jean Orizet

Le ver à soie file un mauvais cocon.
Jules Renard

– Comment vous sentez-vous, ce matin ?
– Moi ? Très bien, pourquoi ?

Pierre Étaix

« Qu'est-ce qui n'a jamais été et ne sera jamais ?
Le nid d'une souris dans l'oreille d'un chat. »

Anonyme

Proverbe chinois : « Quand un seul chien se met
à aboyer à une ombre, dix mille chiens
en font une réalité. »

Cioran

Le bien ne fait pas de bruit ;
le bruit ne fait pas de bien.

Proverbe chinois

À partir d'un certain âge, on s'observe
moins au dos des grandes cuillères.

Nathalie Quintane

Le sage ne joue jamais à saute-mouton
avec une licorne.

Proverbe tibétain

Petit poisson deviendra grand si le pêcheur
en raconte la prise.

Robert Sabatier

J'ai
aux poissons
muets
émietté
ces quelques paroles
sans
bruit.

Paul Claudel

Le présent
Un souvenir décolle
De la longue piste de la mémoire
Et s'écrase

Daniel Boulanger

Le feu ne peut brûler le feu ni l'eau ne peut noyer l'eau,
mais l'homme peut blesser son semblable.

Jean-Marie Kerwich

Arbre mort
Une biche noire
A brouté ton cœur

Jean Joubert

Un corbeau sur la neige
C'est bon d'être attendu
à la maison.

Jean-Hugues Malineau

La planète neige
une grande écuelle
blanche comme un soleil

André du Bouchet

La science allonge la vie.
Mais comment raccourcir la mort ?

Roberto Juarroz

Dans mon armoire à pharmacie
la mouche d'hiver
est morte de vieillesse

Jack Kerouac

Quel est le con qui est allé
pisser sur cette neige fraîche ?

Kikaku

L'hiver les oiseaux
repliés dans l'air
qui seul vole

Pierre Garnier

Souviens-toi de ta toute première gare
tu vins au monde entre deux rails.

Françoise Lison-Leroy

Les couleurs qui chantent l'été
se confondent l'hiver
en une hermine de silence.

Philippe Dumaine

La prose ayant une lettre de trop,
la rose choisit la poésie.
Robert Sabatier

Si la poésie vous ennuie,
mangez de l'ail ça tue les vers.
Jean L'Anselme

Le danger du bonheur c'est le même
que celui du malheur : les croire mérités.
Claude Roy

Cette banane-là, j'ai beau la manger, je ne peux la finir ?
– La grande-route.
J.M.G. Le Clézio

Peser de tout son poids sur le mot le plus faible
pour qu'il s'ouvre et livre son ciel.
André du Bouchet

Poèmes
autant de tentatives
d'être heureux
Clod'Aria

Petit poème, tu as ton homme à dire.

Alain Bosquet

L'imagination, c'est la folle du logique.

Robert Sabatier

La poésie c'est mon cousin Anicet,
sa mère disait toujours de lui :
« C'est un poème ! » en prenant le ciel à témoin.

Jean L'Anselme

Il lui tranche la tête avec un sabre d'eau,
puis plaide non coupable et le crime disparaît
avec l'arme qui s'écoule.

Henri Michaux

Plus on est de fous, plus on est nombreux.

François Caradec

Silex contre silex
l'instant sauvage
est cri d'année-lumière.

André Velter

La poule

La poule
c'est évident
a une dent
contre la pierre :
voyez-la sur le mur
picorant un parpaing dur.

Jean Féron

N'est pas vache qui veut
et l'être n'est pas mieux.

Pascal Commère

Un train-train peut en cacher un autre.

Pierre Étaix

La vitesse du train
fait fondre en un seul flou
ciel, brume, vaches et herbes.

Sam Cannarozzi

Le passé a plus de parfum
qu'un bosquet de lilas en fleurs.

Sagesse chinoise

Le bonheur, c'est de le chercher.

Jules Renard

La marche des saisons
est une horloge où chante un coucou
quand le printemps vient.

G-C Lichtenberg

Sous les mille mains du figuier
j'oserai peut-être
prendre la sienne.

Jean-Hugues Malineau

Une fleur tombée
qui retourne à la branche
C'était un papillon.

Moritake

Qui fait tuer sa vache
Enrage d'en manger.

Pascal Commère

L'âne

dans sa vie d'avoine
sa voix vole
et saisit ses ans
seize ans de hi
seize ans de han

Gérard Bialestowski

C'est un très vieux garagiste,
tout en bleu,
qui sait réparer les moteurs
mais pas les petits vieux.

Alain Serres

Ils osèrent enfin annoncer au tyran
qu'il était mort depuis deux jours.

Claude Roy

Les mouches sont les seuls animaux
qui lisent le journal.

Ramon Gomez de la Serna

Rats de tous les pays
Effrayez-nous
Remplacez la bombe

Guillevic

Un chat ne sourit jamais
et pourtant c'est ce qu'il préfère.

Jean L'Anselme

Porte-bonheur

Les moineaux dedans Paris
– à la Gare de l'Est –
picorent dans leurs mains
le pain des français...

Gérard Lecomte

Qui promène son chien
est au bout de la laisse.

Serge Gaingsbourg

ah si j'étais une mouche !
j'irais voir
ce qui se passe là-bas
je saurais ce qu'ils disent
de la mouche.

Daniel Biga

Qui confond son chien et sa vache
n'est plus bon pour la chasse.

Pascal Commère

Un bout de charbon
dans un crayon
est obligé d'avoir
bonne mine.

Shlomo Reich

Le peintre lance
le noir
son boomerang

Charles Dobzynski

Qu'est-ce
Qui fait le plus mal :
Ne pas pouvoir chanter
Ou chanter par obligation ?

Guillevic

Le collectionneur de paysages
attend tout du paysage qui va suivre.
Salah Stétié

Peindre cet arbre de telle façon
qu'on y devine les oiseaux.
Robert Sabatier

Longs à naître,
les yeux sont les derniers à mourir.
Edmond Jabès

Dans l'atelier de la mer
le silence assouplit
la soie de ses pinceaux
dans le gobelet de l'île.
Gérard Le Gouic

Si je devenais nuage
Je trouverais un nuage
Qui serait toi.

Guillevic

Je la connaissais depuis longtemps,
nous habitions sur la même planète.

Paul Vincensini

À quoi penses-tu ?
Je pense au premier baiser
que je te donnerai.

Paul Eluard

Le plus court chemin
De nous-mêmes
À nous-mêmes
Est l'Univers.

Malcom de Chazal

Quand tu ne sais pas où tu vas,
regarde d'où tu viens.

Proverbe africain

La pluie a volé
le parfum des lilas
lune rousse
Clod'Aria

Brouillard

Le paysage
a oublié
son texte.
Jacqueline Astégiano

La
goutte
d'
eau
sent
que toute la mer
est occupée
à
la solliciter.
Paul Claudel

Aucun oiseau ne s'élève trop haut
s'il vole de ses propres ailes.
William Blake

Quand la brume passe en croupe au corps
d'un cheval blanc, le soleil étonné grandit.

Armand Robin

Après l'ondée, les chrysanthèmes
Imperceptiblement se redressent

Bashô

Confetis
Confetis roses
dans les cheveux des prunus
pour le carnaval du printemps

Joël Sadeler

Ce pommier clair comme une lampe
Sur la nappe du grand pré vert.
Maurice Carême

À quoi reconnaître un pommier ?
Au vent dans ses persiennes.
Et le poète ?
Aux pommiers dans sa voix ?
Gérard Le Gouic

Aucune pluie
Ne s'évapore
Sans livrer
Un pommier.

Gérard Le Gouic

TABLE DES POÈMES

**Les textes présentés dans cette anthologie ne sont pas extraits de poèmes.
Ils ont tous été écrits dans cette forme brève par leurs auteurs.**

La table des poèmes, classée par auteurs, renvoie aux pages de cette anthologie.

Jean-Pierre Siméon
Inédit .... page 7
La mouche qui lit, Rue du monde .... pages 17, 30

Salah Stétié
L'oreille du mur, R. et L. Dutron éditeur .... page 43

Frédéric-Jacques Temple
Fog Horn, The Capricorn press .... page 19

Jean-Claude Touzeil
Haïkus sans gravité, L'épi de seigle .... page 28

Giuseppe Ungaretti
Vie d'un homme, Éditions de Minuit .... page 19

Paul Valet
Les poings sur les i, Éditions Julliard .... page 28

André Velter
L'enfer et les fleurs, Éditions Fata morgana .... page 37

Jean-Vincent Verdonnet
D'un temps soucieux d'éternité, Voix d'encre .... pages 17, 22, 23, 28

Christian Viguié
Carnet de la roue, Le bruit des autres .... page 13

Paul Vincensini
Archiviste du vent, Le cherche-midi éditeur .... pages 9, 12, 45

Dépôt légal : février 2003
Achevé d'imprimer en janvier 2014
sur les presses de l'imprimerie Clerc
à Saint-Amand-Montrond (18) - France

Dans la collection *La Poésie* :

Chaque enfant est un poème
Anthologie poétique au pays de toutes les enfances
de Jean-Marie Henry et Solenn Larnicol

Les poèmes ont des oreilles
60 poèmes à dire comme ci ou comme ça
de Jean-Marie Henry et Anne-Lise Boutin

La cour couleurs
Anthologie de poèmes contre le racisme
de Jean-Marie Henry et Zaü

Tour de Terre en poésie
Anthologie multilingue de poèmes du monde
de Jean-Marie Henry et Mireille Vautier

Poèmes à crier dans la rue
Anthologie de poèmes pour rêver un autre monde
de Jean-Marie Henry et Laurent Corvaisier

Le petit Oulipo
Anthologie de textes de l'Oulipo
de l'Oulipo et Lucile Placin

Naturellement
Anthologie de poèmes sur la nature
de Jean-Marie Henry et Yan Thomas

Devinez-moi !
185 devinettes-poèmes du monde
de Jean-Marie Henry et Judith Gueyfier

Le tireur de langue
Anthologie de poèmes insolites, étonnants ou carrément drôles
de Jean-Marie Henry et Roland Roure

Le français est un poème qui voyage
Anthologie de poèmes francophones
de Jean-Marie Henry et Cécile Gambini

Le fabuleux fablier
Anthologie de fables de tous les temps pour mieux vivre ensemble
de Jean-Marie Henry et Régis Lejonc

L'alphabet des poètes
Anthologie de poèmes pour apprendre à aimer lire et écrire
de Jean-Marie Henry, Alain Serres et Aurélia Grandin

Ça fait rire les poètes !
Anthologie de pépites poétiques et autres éclats de rire
de Jean-Marie Henry et Sara

IMPRIM'VERT

Ce livre est imprimé sur du papier Condat mat Périgord,
issu de forêts gérées durablement, correspondant aux normes suivantes :
ECF (Elemental Chlorine Free), sans acide à longue durée de vie,
conforme aux exigences européennes concernant
la teneur en métaux lourds (98/638 CE), recyclable et biodégradable.